La cuisine de "le creuset" que j'aime

「ル・クルーゼ」で、
つくりたい料理

平野由希子

Prologue

ル・クルーゼをはじめて手に入れたときのこと
今でも昨日のことのように思い出します。
憧れのお鍋を買って、うきうき家に帰り、
はじめてつくった料理は牛肉の赤ワイン煮でした。
お肉を炒めて、野菜を加えて、ワインをふり入れて……。
とてもシンプルにつくったのですが
そのおいしかったこと、そして、うれしかったことは忘れられません。

以来、ル・クルーゼとは深くて長いおつきあいをしてきました。
今はごはんを炊いたり、野菜を蒸し煮にしたり、
和食をはじめとした日々のごはんにと、
あらゆる料理にル・クルーゼを使っています。

そんな今、ずっと大切にしていきたい料理があります。
それは、フレンチをはじめとした、温かな煮込み料理たち。
ル・クルーゼでほろりと煮えるやわらかいお肉、引き出される野菜の風味、
素材がお鍋の中でひとつになって生まれる豊かなスープ……。
いろいろな料理に使ってきた今だからこそ、
ル・クルーゼが得意な料理、
そして、自分がつくりたい料理がわかるようになりました。

あなたの好きな料理は何ですか？
ル・クルーゼでつくりたい料理、見つけてみませんか？

Contents

Prologue 2

Part 1
ゆっくり煮たい
ワイン煮込み、ポトフ、シチュー、
カレー

牛肉の赤ワイン煮 8
ビストロ風ポトフ 10
牛肉と大根の和風ポトフ 12
鶏と春野菜のポトフ 13
塩漬け豚とれんこんのポトフ 14
豚肉とあさりのワイン煮 16
鶏のシェリー酒煮 18
ビーフシチュー 20
鶏のクリームシチュー 22
えびとほたてのクリームシチュー 24
骨つきチキンカレー 26
クラシックカレー 28
レンズ豆のカレー 30
エスニック風シーフードカレー 31

Part 2
ワインがすすむ
アントレたち

はまぐりのマリニエール 34
ムール貝のマリニエール
　サフラン風味 35
豚のリエット 36
蒸し野菜のアイヨリ 38
自家製ツナのニース風サラダ 39
ピストゥスープ 40・42
たらとじゃがいもの
　にんにくスープ 41・43
ラタトゥイユ 44・46
たこのトマト煮 45・47
グラタンドフィノア 48・50
フランス風マッシュポテト 49・51
シャンピニオンのギリシャ風 52・54
レンズ豆のサラダ 53・55

● 料理は主にココット・ロンド20cm、ココット・ロンド22cm、ココット・オーバル25cmを使い、調理しています。
● レシピの大さじ1は15ml、小さじ1は5ml、1カップは200mlです。いずれもすりきりになります。
● 適量とは、調理時の水分や塩分、味の好みなどで量の加減をすることを表します。
● 目次に数字が2つ並んでいるものは、左の数字が写真のページ、右の数字がレシピのページになります。

Part 3
つくってみたい フレンチクラシック

- レンズ豆とプティサレの煮込み　57・58
- カスレ　60・62
- 牛肉のオレンジ煮　61・63
- 鶏のマスタード煮　64・66
- 鶏肉のバスク風煮込み　65・67
- 子羊と春野菜のナヴァラン　68・70
- 子羊のクスクス　69・71
- トリップの煮込み　72・74
- シンプル・シュークルート　73・75

Part 4
オーブンで ル・クルーゼ

- じゃがいもと豚肉の重ね焼き　77・79
- オイルサーディン　80・82
- オニオングラタンスープ　81・83
- 鶏もも肉と野菜の蒸し焼き　84・86
- ローストチキン　85・87

Part 5
ル・クルーゼで デザート

- タルト オ シトロン　89・90
- チョコレートフォンデュ　91
- ル・クルーゼプリン　92
- オランジェット　93

Epilogue　94

Column
- 煮込みは弱火でことことと　9
- ブーケガルニ　10
- 煮込みはたっぷりと　15
- 料理に使うワインのこと　16
- シェリー酒のこと　19
- デグレッセとデグラッセ　20
- スープストックのつくり方　43
- 野菜に汗をかかせる　46
- バターの魔法　51
- 塩の使い方　59
- 火加減と、ふたのこと　59
- お肉の部位　67
- 映画の中のル・クルーゼ　82

Part 1

ゆっくり煮たい
ワイン煮込み、ポトフ、
シチュー、カレー

ル・クルーゼでつくってみたい料理は何ですか？

ことことじっくり煮込む料理に、

ル・クルーゼはその真価を発揮します。

厚手のお鍋の熱のまわり方、

水分を逃がさない重たいふたによって引き出される素材の味、

ふっくらとしたやわらかさ、奥深い味わい……。

好きな料理がもっと好きになる、そんな味にきっと出合えます。

牛肉の赤ワイン煮

たっぷりと時間をかけて煮ることを楽しみたい料理。
お鍋と時間が醸してくれるおいしさ、どうぞ味わって。

材料（4人分）

- 牛バラかたまり肉⇒600g
- 赤ワイン⇒2カップ
- 塩、こしょう⇒各適量
- ベーコン⇒3枚
- 玉ねぎ⇒1個
- セロリ⇒1/2本
- トマト⇒1個
- バター⇒大さじ2
- 小麦粉⇒大さじ2
- A
  - フォン・ド・ヴォー⇒1缶
    （または水1 1/2カップ＋
    固形ビーフブイヨン1個）
  - ローリエ⇒1枚
  - タイム⇒1枝
  - 塩、こしょう⇒各少々
- 小玉ねぎ⇒8個
- マッシュルーム⇒1パック

つくり方

1　牛肉は大きめのひと口大に切り、赤ワインに漬けて2時間〜ひと晩おく（写真*a*）。

2　1の肉を取り出して汁けをふき、軽く塩、こしょうをする。ワインは捨てずにとっておく。

3　ベーコンは1cm幅、玉ねぎ、セロリは薄切りにする。トマトは湯むきして、ざく切りにする。

4　ル・クルーゼを熱してバター大さじ1を入れ、2の肉を入れて炒める。小麦粉をふり入れて2〜3分炒め（写真*b*）、ベーコン、玉ねぎ、セロリ、トマトを加えてさらに炒める。

5　2の赤ワインを加えて煮立たせ（写真*c*）、Aを加える。再び煮立ったらふたをし、弱火で1〜2時間煮る。小玉ねぎを加え、とろりとするまで煮詰める。

⇒⇒**ここで味をみて酸味が強いようなら、砂糖を適宜加えても。**

6　マッシュルームはふたつ割りにする。フライパンに残りのバターを熱してマッシュルームを入れ、軽く塩、こしょうして炒める。

7　5に6を加え、さらに10分ほど煮る。仕上げに塩、こしょうで味をととのえる。

Column 1

煮込みは弱火でことことと

ル・クルーゼで煮るとお肉は短時間で、ほろりと煮えます。
それは、厚手のお鍋のおかげでじんわりと熱が伝わり、
重たいふたのおかげで圧力鍋で煮るような効果も生まれるため。味もしっかりとしみこみます。
バラ肉や肩肉ならば1〜2時間といった短い時間でしっとりやわらかに煮込めます。
すね肉、テールなどは3〜4時間を目安にゆっくりと。どちらも、弱火で煮ることがポイント。
強火では、お肉は堅くなってしまいますし、煮崩れたり、煮詰まったりします。
ことこと気長に料理してみてください。
肉や野菜のうまみがお鍋の中でひとつにまとまって、
まあるい味の煮込み料理ができ上がります。

ビストロ風ポトフ

クラシックな料理は心と体を温かくしてくれる。
ル・クルーゼでつくる料理も、それはおんなじ。

材料(4人分)
牛バラかたまり肉⇒600g
玉ねぎ⇒1個
長ねぎ⇒1本
にんじん⇒1本
セロリ⇒1本
かぶ⇒2個
水⇒5カップ
A ┌ ローリエ⇒1枚
  │ タイム⇒2枝
  │ クローブ⇒2粒
  └ 粒こしょう⇒4粒
塩⇒適量
こしょう⇒少々

つくり方

1　牛肉は大きめに切る。玉ねぎは半分に切り、長ねぎ、にんじんは4等分、セロリは5cm長さに切り、かぶはふたつ割りにする。

2　ル・クルーゼに牛肉、分量の水、Aを入れ(写真)、中強火にかける。煮立ったら弱火にし、アクを取りながら30分〜1時間煮る。

3　かぶ以外の野菜を加えて水をひたひた程度になるよう加減し、弱火で40〜50分煮る。

4　かぶ、塩小さじ1$\frac{1}{2}$〜2を加え、さらに15分ほど煮る。仕上げに塩、こしょうで味をととのえる。
⇒⇒**マスタード、塩、ピクルス**などを添え、**好みでつけながら食べるとよい。**

Column 2

ブーケガルニ

ブーケガルニは、タイム、ローリエ、セロリやパセリの軸をポワローねぎの青い部分で包み、たこ糸でしばったもののこと。乾燥ハーブを袋に入れたものも売られています。
ときどき、その作業自体が楽しいのでつくりますが、
たいていの場合はそれぞれを直接お鍋に入れてしまいます。
ハーブを取り出すのって、大して面倒なことではないですから。
一番よく使うのは、ローリエとタイム。お肉、魚、野菜のベースにと、何にでも入れてしまいます。
ローズマリー、セージは、料理によってアクセントに。
あとは、冷蔵庫にあるパセリやセロリの軸、
ちょっとしなびたパセリやバジルの葉も煮込みに入れてしまうことも。
私のブーケは結構気ままなのです。

牛肉と大根の和風ポトフ

寒い日には、ていねいにゆっくりと大根を煮よう。
やわらかいだけじゃない、深い味がそこにある。

材料(4人分)
大根⇒2/3本
牛すねかたまり肉⇒600g
水⇒5カップ
昆布⇒5cm
塩 ⇒適量
にんにく⇒1かけ

つくり方
1　大根は皮を厚めにむき、3cm厚さの半月切りにする。鍋にかぶるくらいの水とともに入れて火にかけ、すき通るまで下ゆでする。
2　牛肉は8等分に切る。
3　ル・クルーゼに分量の水、昆布、牛肉を入れて火にかけ、煮立ったら弱火にし、アクを取りながら1～2時間煮る。
4　ゆで汁をきった大根、塩小さじ1 1/2～2、丸ごとのにんにくを加え、さらに30分ほど煮る。
⇒⇒ごま油、塩、ゆずこしょうなどを添え、好みでつけながら食べるとよい。

鶏と春野菜のポトフ

春野菜の香りを逃がさないように、
風味をすべてスープに移した春のポトフ。

材料(4人分)
キャベツ⇒½個
新玉ねぎ⇒1個
ホワイトアスパラガス⇒1束
グリーンアスパラガス⇒1束
鶏手羽元⇒8本
水⇒5カップ
A ┌ ローリエ⇒1枚
  │ タイム⇒2枝
  └ 粒こしょう⇒4粒
塩⇒適量
こしょう⇒少々

つくり方
1　キャベツは芯ごと4等分に切る。新玉ねぎはふたつ割りにする。アスパラガスは根元の堅い部分を切り落とす。グリーンアスパラは下のほうの堅い皮をむき、ホワイトアスパラは穂先の部分だけを残してやや厚めに皮をむく。
2　鶏手羽元はざるにのせ、熱湯をまわしかける。
3　ル・クルーゼに手羽元と分量の水、Aを入れて火にかける。煮立ったらキャベツ、新玉ねぎを加え、アクを取りながら30分ほど煮る。
4　塩小さじ1½～2、ホワイトアスパラを加えて5分ほど煮て、グリーンアスパラを加えてさらに3分ほど煮る。仕上げに塩、こしょうで味をととのえる。

塩漬け豚とれんこんのポトフ

ざっくりと大きく切って、じんわりと煮込む。
ただそれだけのことで、知らなかったおいしさに。

材料（4人分）
豚バラかたまり肉⇒500ｇ
塩⇒適量
れんこん⇒2〜3節
長ねぎ⇒2本
水⇒5カップ
ローリエ⇒1枚
こしょう⇒少々

つくり方
1　豚肉は全体に塩大さじ1をすり込み、ラップに包んで冷蔵庫に入れ、ひと晩おく。
2　1の肉の表面を水洗いし、3cm厚さに切る。
3　れんこんは、4cm程度の厚さの輪切りや半月切りにする。長ねぎは4〜5cm長さのぶつ切りにする。
4　ル・クルーゼに豚肉、れんこん、分量の水、ローリエを入れて火にかけ、煮立ったら弱火にし、アクを取りながら30分ほど煮る。
5　長ねぎを加え、さらに20分ほど煮る。塩、こしょうで味をととのえる。

Column 3

煮込みはたっぷりと

煮込み料理は少し多めにつくりたいもの。
時間をかけて煮込むことにもなりますし、ある程度の量があるほうがやっぱりおいしく仕上がります。
一度に食べきれなくても、今日より、明日、あさってのほうが深みのある味に。
寝かせることで味がまろやかになりますし、それに、煮込み料理は温度が下がるときに味がしみこんでいくので、温めて冷ますことを繰り返すことで、煮崩れることなしに味がしみこんでいくのです。
シチューやカレーはもちろん、ポトフも多めにつくりたい料理の代表格。
ポトフのスープはスープストックとして万能ですし、そのお肉をいろいろ使い回しをするのは、フランス家庭では古くからなされていること。
ポトフのお肉を使ってつくるグラタンやサラダは、古くて懐かしい定番の味です。

豚肉とあさりのワイン煮

豚肉とあさりの組み合わせは意外だけれど、とても相性がいい。
それに、なぜだか何度食べても食べ飽きない。

材料（4人分）
豚バラかたまり肉⇒400g
塩⇒適量
あさり（殻つき）⇒500g
プチトマト⇒10個
にんにく⇒1かけ
赤唐辛子⇒1本
オリーブ油⇒大さじ1
タイム⇒2枝
白ワイン⇒1/2カップ
こしょう⇒少々

つくり方
1　豚肉は1cm厚さに切り、しっかりめに塩をして10～30分おく。
2　あさりは塩水に30分ほどつけて砂抜きをし、殻をこすり合わせるようにして流水でよく洗う。
3　プチトマトはへたを取ってふたつ割りにし、にんにくは芽を取って、みじん切りにする。赤唐辛子は半分に切り、種を取る。
4　ル・クルーゼを熱してオリーブ油を入れ、油が熱くなったら豚肉を入れて中強火で焼く。全体に焼き色がついたら、にんにく、タイム、赤唐辛子を加えて炒め、よい香りがしてきたらあさりを加えてひと炒めする。
5　白ワインを加えてひと煮立ちさせ、プチトマトを加えてふたをし、あさりの口が開くまで蒸し煮にする。塩、こしょうで味をととのえる。

Column 4

料理に使うワインのこと

さっぱりとした風味をつけたり、お肉や魚の臭みを消すために、
フランス料理に使うお酒は、白ワインが一番多いでしょうか。
料理に向いているのは、中辛～辛口の白。
シャルドネ、ソーヴィニヨンブラン、リースリングなど、すっきりとしたこくのあるタイプなら万能です。
白ワインは料理に使うと、酸味が効くので、
バター、オイル、クリーム系のものに合わせると、すっきりと仕上がります。
赤ワインは牛肉料理など、赤ワインならではの風味を効かせるときに使います。
私がよく使うのは、シラー主体の南仏のワインや、メルローが主体のボルドー。
色の濃いワインを使うと、料理の仕上がりがきれいな色になります。
牛肉の赤ワイン煮はブルゴーニュの郷土料理ですが、
手ごろなブルゴーニュでつくると色も薄く、酸味も出がち。産地にこだわることはないよう。
一緒にポルト酒を加えたり、ドライフルーツを煮込むのもおすすめ。
いずれにしても、料理用には、飲み残しや、安ワインで十分。
おいしいものは飲んじゃいましょう。

鶏のシェリー酒煮

こっくりまろやかな煮込みができるのは
シェリーとル・クルーゼ、両方のおかげです。

材料（4人分）

鶏骨つきもも肉⇒4本
玉ねぎ⇒1個
マッシュルーム⇒1パック
オリーブ油⇒大さじ1
バター⇒大さじ1
塩、こしょう⇒各適量
シェリー酒⇒1カップ
水⇒2カップ

A ┌ レーズン⇒大さじ3
　├ 固形ブイヨン⇒1/3個
　├ にんにく⇒1かけ
　├ ローリエ⇒1枚
　└ タイム⇒2枝

つくり方

1 鶏肉は関節で半分に切り、水けをふき取る。玉ねぎは薄切りにし、マッシュルームはふたつ割りにする。

2 フライパンにオリーブ油とバター大さじ1/2を熱し、鶏肉の皮目を下にして入れ、強火で両面にこんがりと焼き色をつける（写真*a*）。焼けたものからル・クルーゼに移し入れ、焦げてしまった油はキッチンペーパーなどで軽く吸い取る。

3 2のフライパンに残りのバターを加えて溶かし、玉ねぎを入れて炒める。しんなりしたらマッシュルームを加え、軽く塩、こしょうをして炒め、ル・クルーゼに加える。

4 3のフライパンにシェリー酒を加えてひと煮立ちさせ（写真*b*）、フライパンの底についたうまみを溶かし込み、ル・クルーゼに移し入れる。

5 4のル・クルーゼに分量の水、Aを加えて火にかけ、煮立ったらふたをし、弱火で30分ほど煮る。仕上げに塩、こしょうで味をととのえる。

Column 5

シェリー酒のこと

シェリー酒とは、スペインのアンダルシア地方のヘレスでつくられているお酒。白ぶどうからつくられたワインにブランデーを足して、長期熟成させた酒精強化ワインです。食前酒としておなじみですが、食中、食後にももちろんいただけます。チーズと合わせるのもお気に入り。開栓してからも冷蔵庫で1ヵ月くらいは保存できるので、1本あるととても便利。私は煮込み料理以外にも、白ワインを使うように、クリームソースにプラスしたり、お肉や魚を蒸し煮にするときにも使っています。量は白ワインを使うよりやや控えめに。こくと風味のある仕上がりになり、同じソースもひと味変わります。タイプはいろいろありますが、料理にはフィノ、マンサニーリャの安いもので十分です。

ビーフシチュー

ほろっとやわらかくお肉が煮上がったら、みんなの顔がほころぶ。
つくってうれしい料理がここにあります。

材料(4人分)

牛バラかたまり肉⇒600g
塩、こしょう⇒各適量
玉ねぎ⇒1個
にんじん⇒1本
パプリカ(赤)⇒1個
エリンギ⇒2本
サラダ油⇒大さじ1/2
バター⇒大さじ1・1/2
小麦粉⇒大さじ2
赤ワイン⇒1カップ
ドミグラスソース缶⇒1缶
水⇒2カップ

つくり方

1　牛肉は大きめのひと口大に切り、塩、こしょうをする。

2　玉ねぎは薄切りに、にんじんは乱切りにする。パプリカは12等分に切り、エリンギは手で縦に太めに裂いて長さを半分に切る。

3　ル・クルーゼを熱してサラダ油とバターを各大さじ1/2ずつ入れ、牛肉を入れて炒める。全体に焼き色がついたら玉ねぎを加えてひと炒めし、小麦粉をふり入れて2～3分炒める。

4　赤ワインを加え、5分煮る。ドミグラスソース、水を加えて煮立たせ、弱火で1～2時間煮る。

5　フライパンに残りのバターを溶かし、にんじん、パプリカ、エリンギを入れてさっと炒める。

6　4ににんじん、パプリカを加えて30分ほど煮て、エリンギも加えてさらに15分ほど煮る。仕上げに塩、こしょうで味をととのえる。

Column 6

デグレッセとデグラッセ

煮込みにとりかかる前に、お肉をこんがりと焼き、うまみを閉じ込める、という方法をよくとります。
デグラッセは、その鍋底に茶色くこびりついたお肉のうまみ部分を
ワインや水分などを加えることで、溶かし込むこと。
これがスープやソースをうんとおいしくします。
ひと鍋でする場合には、知らず知らずのうちに行っていますが、
別のフライパンで焼きつけた場合には、ぜひぜひ、この作業を加えてください。
ぐんと味わいが増します。
そして、もうひとつ大切なのは、その前の作業のデグレッセ。これは油脂をとる、という意味。
強火でお肉を焼きつけると、鍋底に焦げついてしまって黒くなったバターやオイル、
お肉から出てきた脂が残ることがあります。
これをそのまま料理に流し込んでしまうと、よくない油の味が残り、くどい料理になってしまいます。
そこで、余分な脂肪だけを取るように、お鍋を傾けてキッチンペーパーで吸い取ります。
くれぐれも鍋底までしっかりふいて、うまみを取ってしまわないように気をつけて。
デグレッセしてから、デグラッセ。フレンチをおいしくする秘訣、です。

鶏のクリームシチュー

ル・クルーゼがあると、ときどきシチューがつくりたくなる。
ことこと煮込んだら、どこか懐かしいやさしい味に。

材料(4人分)
鶏もも肉⇒2枚
玉ねぎ⇒1個
かぶ⇒2個
マッシュルーム⇒1パック
バター⇒大さじ4
小麦粉⇒大さじ3
白ワイン⇒1/4カップ
水⇒3カップ
牛乳⇒1カップ
生クリーム⇒1/2カップ
塩、こしょう⇒各少々

つくり方

1　鶏肉はひと口大に切り、ざるにのせて熱湯をまわしかける。

2　玉ねぎは薄切りにし、かぶは6等分のくし形に切る。マッシュルームはふたつ割りにする。

3　ル・クルーゼを熱してバター大さじ3を入れ、玉ねぎを入れて弱火で炒める。しんなりしたら小麦粉をふり入れ、焦がさないように1分ほど炒める(写真)。

4　白ワインを加えて混ぜ、分量の水を少しずつ加え、のばしていく。鶏肉を加え、煮立ったらふたをし、弱火で10分ほど煮る。

5　フライパンに残りのバターを溶かしてマッシュルームを入れ、さっと炒める。

6　4に5のマッシュルーム、かぶを加え、さらに10分煮る。牛乳、生クリームを加えてひと煮立ちさせ、塩、こしょうで味をととのえる。

えびとほたてのクリームシチュー

白くてあったかい料理は
冬の日とル・クルーゼにとてもよく似合う。

材料（4人分）
えび⇒8尾
玉ねぎ⇒1/2個
セロリ⇒1本
じゃがいも⇒2個
ほたて貝柱⇒8個
白ワイン⇒1/4カップ
バター⇒大さじ3
小麦粉⇒大さじ3
水⇒3カップ
A ┌ 固形ブイヨン⇒1個
　├ ローリエ⇒1枚
　└ タイム⇒2枝
牛乳⇒1カップ
生クリーム⇒1/2カップ
塩、こしょう⇒各少々

つくり方

1 えびは殻をむいて背ワタを取る。玉ねぎは薄切りに、セロリは1cm幅の斜め切りに、じゃがいもは皮をむいて乱切りにする。

2 鍋にえびとほたて、白ワインを入れて中強火にかけ、煮立ったらふたをして魚介の色が変わる程度に蒸し煮にする。ざるにあけ、具と蒸し汁を分けておく。

3 ル・クルーゼを熱してバターを入れ、玉ねぎを入れて弱火で炒める。しんなりしたら小麦粉をふり入れ、焦がさないように1分ほど炒める。

4 分量の水を少しずつ加えながら、なめらかにのばしていく。2の蒸し汁、セロリ、じゃがいも、Aを加え、煮立ったらふたをし、弱火でじゃがいもに竹串がすっと通るまで煮る。

5 牛乳、生クリームを加えてひと煮立ちさせ、2の魚介を加えて塩、こしょうで味をととのえる。

骨つきチキンカレー

カレーづくりに欠かせない飴色玉ねぎも、ル・クルーゼまかせ。
本格料理は、道具のよさが生きてくる。

材料(4人分)

鶏手羽元⇒12本
A ┌ 塩、こしょう⇒各少々
　 └ カレー粉⇒小さじ1
サラダ油⇒適量
玉ねぎ⇒2個
にんにく⇒1かけ
しょうが⇒1かけ
クミンシード⇒小さじ1
カレー粉⇒大さじ2〜3＊
水⇒2カップ
B ┌ トマト水煮缶⇒1/3缶
　 │ プレーンヨーグルト
　 │ 　⇒1/2カップ
　 │ トマトケチャップ⇒小さじ2
　 └ ウスターソース⇒小さじ2
塩、こしょう⇒各少々

⇒⇒＊のカレー粉の大さじ1量をクミンパウダー、コリアンダーパウダー各小さじ1、ガラムマサラ、ターメリック、カルダモンなど好みのスパイス各少々に替えても。

つくり方

1　鶏手羽元はAをふってもみ込む。フライパンにサラダ油少々を熱して手羽元を入れ、全体をこんがりと焼く。

2　玉ねぎは繊維を断つように薄切りにする。芽を取ったにんにく、しょうがはすりおろす。

3　ル・クルーゼにサラダ油大さじ2とクミンシードを入れて火にかけ、よい香りがしてきたら玉ねぎを加えて炒める。全体に油がまわったら、200℃に予熱したオーブンにル・クルーゼごと、ふたをしないで入れ、40〜50分加熱する。途中3〜4回取り出してかき混ぜる(P.83参照)。

4　玉ねぎが飴色になったら、オーブンから取り出して弱火にかけ、にんにく、しょうがを加えて炒める。よい香りがしてきたら手羽元を加え、カレー粉(＊、あればスパイスも)を加えてさらに炒める(写真)。

5　分量の水、Bを加え、煮立ったらふたをし、弱火で40〜50分煮る。仕上げに塩、こしょうで味をととのえる。

クラシックカレー

ごろっとしたじゃがいも、にんじん、玉ねぎ、豚肉、そしてカレールー。
だけど、ひと味違うのは、やっぱりお鍋のおかげかもしれない。

材料（4人分）
豚肩カレー用肉⇒400g
A ┌ 塩、こしょう⇒各少々
  └ カレー粉⇒小さじ1
玉ねぎ⇒2個
にんにく⇒1かけ
しょうが⇒1かけ
じゃがいも⇒3個
にんじん⇒1本
サラダ油⇒大さじ2
水⇒3カップ
固形ブイヨン⇒1個
ローリエ⇒1枚
カレールー
　（市販品を2種類程度混ぜて）
　⇒4皿分の分量
好みでクミンパウダー、
　コリアンダーパウダー、
　トマトケチャップ、
　ウスターソースなど⇒各少々
塩、こしょう⇒各少々

つくり方

1 豚肉はAをふってもみ込む。玉ねぎは繊維を断つように薄切りにし、芽を取ったにんにく、しょうがはすりおろす。じゃがいも、にんじんはひと口大の乱切りにする。

2 ル・クルーゼを熱してサラダ油を入れ、油が熱くなったら玉ねぎを入れて炒める。全体に油がまわったら200℃に予熱したオーブンにル・クルーゼごと、ふたをしないで入れ、40～50分加熱する。途中3～4回取り出してかき混ぜる（P.83参照）。

3 玉ねぎが飴色になったら、オーブンから取り出して弱火にかけ、にんにく、しょうがを加えて炒める。よい香りがしてきたら豚肉を加えて炒め、肉に火が通ったらにんじん、じゃがいもを加えてひと炒めする。

4 分量の水、固形ブイヨン、ローリエを加え、煮立ったらふたをし、弱火で20分ほど煮る。

5 火を止めてカレールーを溶かし入れる。好みのスパイス、調味料なども加え、さらに弱火で10分ほど煮る。仕上げに塩、こしょうで味をととのえる。

豆の風味が加わって、カレーの味わいがぐんと増す。
豆を煮ること、カレーをつくることの楽しさが、かけあわさったような料理。

レンズ豆のカレー

材料（4人分）
レンズ豆⇒100g
玉ねぎ⇒1個
セロリ⇒½本
にんじん⇒½本
にんにく⇒1かけ
しょうが⇒1かけ
サラダ油⇒大さじ2
牛ひき肉⇒300g
カレー粉⇒大さじ3＊
赤ワイン⇒½カップ
水⇒2½カップ
A ┌ 固形ブイヨン⇒1個
  │ ウスターソース
  │   ⇒小さじ2
  │ トマトケチャップ
  │   ⇒小さじ2
  └ ローリエ⇒1枚
塩、こしょう⇒各少々

⇒⇒＊**カレー粉のうち大さじ1量を、クミンパウダー、コリアンダーパウダー、ガラムマサラなどに替えても。**

つくり方
1　レンズ豆は水からさっとゆで、湯をきる。
2　玉ねぎ、セロリ、にんじんは1cm角に切る。芽を取ったにんにく、しょうがはすりおろす。
3　ル・クルーゼを熱してサラダ油を入れ、油が熱くなったら玉ねぎ、セロリ、にんじんを入れて弱火で炒める。しんなりしたらにんにく、しょうがを加え、よい香りがするまで炒める。
⇒⇒**ここで野菜をよく炒めておくとこくが出る。**
4　ひき肉を加えてさらに炒め、肉の色が変わったらカレー粉（＊、あればスパイスも）を加えてひと炒めする。
5　赤ワインを加え、5分ほど煮る。レンズ豆、分量の水、Aを加え、煮立ったらふたをし、弱火で30分ほど煮る。仕上げに塩、こしょうで味をととのえる。

ときにはさらっと煮上がるカレーがつくりたい。
アジアな色と香りがアクセント。

エスニック風シーフードカレー

材料（4人分）
えび⇒8尾
いか⇒1ぱい
ほたて貝柱⇒4個
A［塩、こしょう⇒各少々
　　カレー粉⇒少々］
玉ねぎ⇒1/2個
にんにく⇒1かけ
しょうが⇒1かけ
サラダ油⇒大さじ1
カレー粉⇒大さじ2〜3
B［鶏ガラスープの素
　　　⇒小さじ1
　トマトケチャップ
　　　⇒大さじ1
　ココナツミルク
　　　⇒1 1/2カップ
　ナンプラー⇒大さじ1］
水⇒1カップ
ししとう⇒12本
塩、こしょう⇒各少々
香菜⇒適量

つくり方
1 えびは殻をむいて背ワタを取る。
2 いかは下処理をし、胴を1cm幅の輪切りにする。脚は吸盤をこそげ取り、4つに切り分ける。
3 えび、いか、ほたてを合わせ、Aをふってもみ込む。
4 玉ねぎは薄切りにし、芽を取ったにんにく、しょうがはすりおろす。
5 ル・クルーゼを熱してサラダ油を入れ、油が熱くなったら3の魚介を入れてさっと炒め、いったん取り出す。
6 5に玉ねぎを入れてしんなりするまで炒め、にんにく、しょうが、カレー粉を順に加えてさらに炒める。
7 分量の水、Bを加え、煮立ったらふたをし、弱火で10分ほど煮る。ししとうを加えて2〜3分煮て、5の魚介を戻し入れて塩、こしょうで味をととのえる。
8 器に盛り、ざく切りにした香菜を散らす。

Part 2

ワインがすすむ
アントレたち

おいしい素材とお鍋があったなら、

つくってみたいフレンチの前菜。

手早くシンプルに、ワイン片手にできてしまうような料理も

ル・クルーゼはとても得意。

そうしてできた料理には、

ワインがまたぴったりくるから不思議です。

貝のうまみをお鍋でぎゅっと。
蒸し煮料理はシンプルでいて、贅沢。

はまぐりのマリニエール

材料（4人分）
はまぐり（殻つき）⇒600g
にんにく⇒1かけ
玉ねぎ⇒¼個
セロリ⇒5cm
イタリアンパセリ⇒3〜4本
バター⇒大さじ2
白ワイン⇒½カップ
タイム⇒3枝
塩、こしょう⇒各少々

つくり方
1　はまぐりは塩水につけて砂抜きし、流水でよく洗う。
2　芽を取ったにんにく、玉ねぎ、セロリ、イタリアンパセリはみじん切りにする。
3　ル・クルーゼを熱してバターを入れ、にんにくを入れて弱火で炒める。にんにくが薄く色づいてきたら玉ねぎ、セロリを加えて炒め、はまぐり、白ワイン、タイムを加え、煮立ったらふたをして強火で煮る。
4　はまぐりの口が開いたら塩、こしょうで味をととのえ、イタリアンパセリをふる。

パリ、ベルギーの街角の匂いがするような料理。
よく冷えたムスカデと一緒に。

ムール貝のマリニエール　サフラン風味

材料（4人分）
ムール貝（殻つき）⇒600g
サフラン⇒7〜8本
白ワイン⇒$\frac{1}{4}$カップ
にんにく⇒1かけ
玉ねぎ⇒$\frac{1}{6}$個
セロリ⇒5cm
マッシュルーム⇒4個
パプリカ（赤）⇒$\frac{1}{6}$個
バター⇒大さじ2
タイム⇒2枝
生クリーム⇒$\frac{1}{4}$カップ
塩、こしょう⇒各少々

つくり方

1　ムール貝は流水でよく洗う。殻から黒いひも状のもの（足糸）が出ているようだったら、引っぱり取り除く。

2　サフランはみじん切りにし、白ワインに入れて10分以上おく。

3　にんにくは芽を取ってみじん切りにする。玉ねぎ、セロリ、マッシュルーム、パプリカは5mm角に切る。

4　ル・クルーゼを熱してバターを入れ、にんにくを入れて弱火で炒める。薄く色づいてきたら、ほかの野菜を加えてしんなりするまで炒め、ムール貝、タイム、サフラン入り白ワインを加え、煮立ったらふたをして中強火で煮る。

5　ムール貝の口が開いたら生クリームを加えてひと煮立ちさせ、塩、こしょうで味をととのえる。

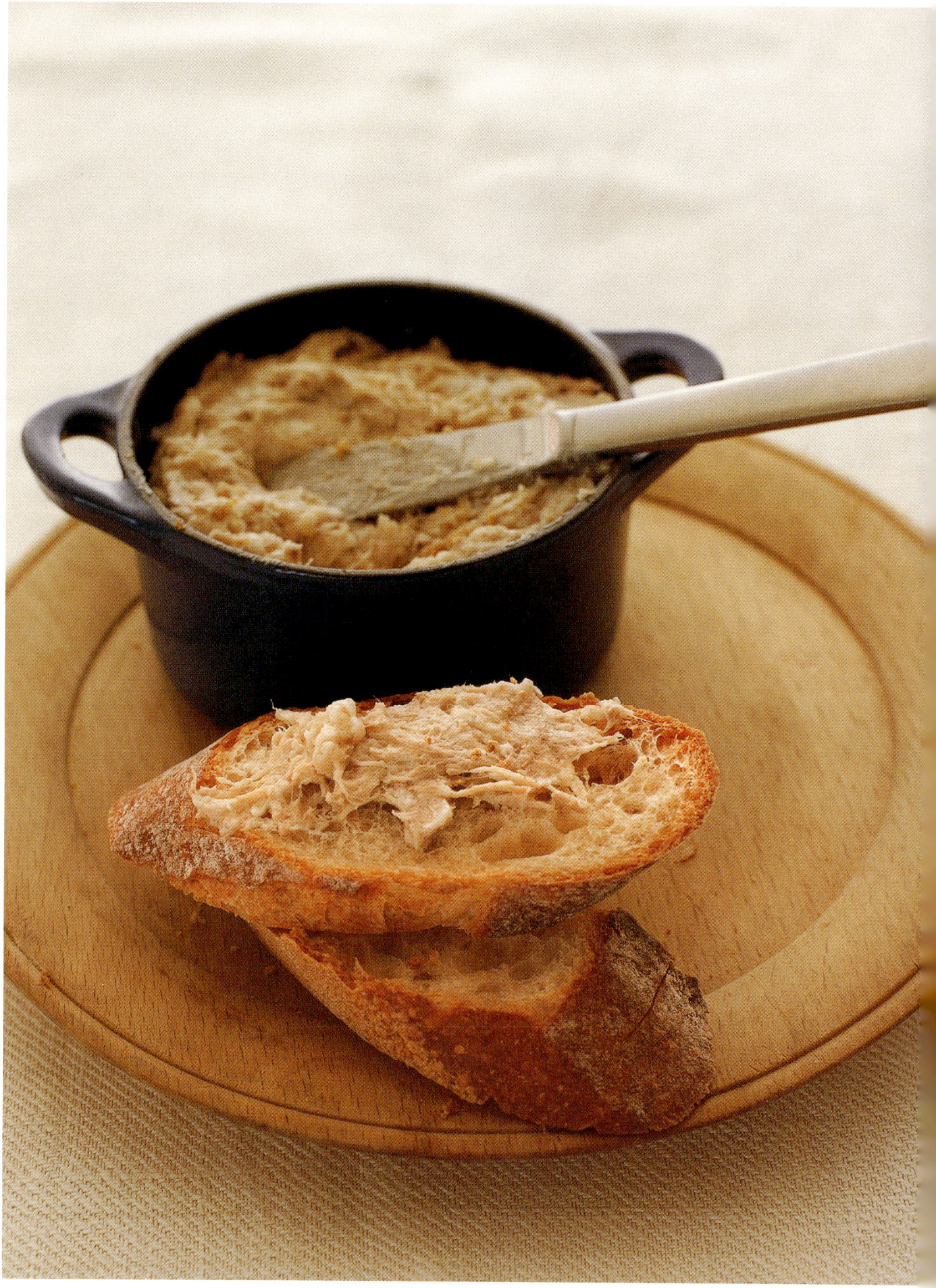

豚のリエット

お鍋で煮て、フォークでほぐしてつくる仏の保存食。
パンとワインがとまらないこと、うけあいです。

材料（4人分）
豚バラかたまり肉⇒500g
サラダ油⇒少々
白ワイン⇒1/2カップ
水⇒1 1/2カップ
A ┌ 固形ブイヨン⇒1/2個
　├ 塩⇒小さじ1 1/2
　├ ローリエ⇒1枚
　├ クローブ⇒1粒
　└ ナツメグ⇒少々
バター（食塩不使用）⇒60g
塩、こしょう⇒各少々

つくり方
1　豚肉は4〜5cm角に切る。
2　ル・クルーゼを熱してサラダ油を熱し、豚肉を入れて焼く。各面にこんがりと焼き色がついたら白ワインを注ぎ、ひと煮立ちさせる。分量の水とAを加え、煮立ったらふたをし、弱火で1時間ほど煮る。
3　2の肉を取り出し、フォークでほぐして糸状にする（写真）。
4　3に2で残った煮汁約1/4カップ、バターを加えてやわらかく練り、塩、こしょうで味をととのえる。
⇒⇒**ココットなどに詰めてぴったりとラップをし、冷蔵庫で1週間ほど保存可。冷凍もできる。**

ル・クルーゼがそこにあるから、ゆでることを蒸し煮に変えた。
それだけで、定番南仏料理がはじめましてのおいしさに。

蒸し野菜のアイヨリ

材料(4人分)
じゃがいも⇒3個
そら豆⇒10さや
アスパラガス⇒1束
ブロッコリー⇒小1株
甘塩たら⇒2切れ
塩、こしょう⇒各適量
タイム⇒3～4枝
アイヨリ
- 卵黄⇒1個
- にんにく⇒1かけ
- ディジョンマスタード
  ⇒小さじ1/2
- オリーブ油⇒大さじ3
- サラダ油⇒大さじ4～6
- 塩⇒小さじ1/3
- こしょう⇒少々
- レモン汁⇒小さじ1/2～1

つくり方

1 じゃがいもは皮をむいて4つに切り、そら豆はさやから出す。アスパラガスは根元の堅い部分を切り落とし、堅い皮をむく。ブロッコリーは小房に分ける。甘塩たらはひと口大に切る。

2 ル・クルーゼに水1/2カップ(分量外)、塩小さじ1/3、じゃがいも、タイムを入れ、ふたをして中火にかける。10分ほどしたら甘塩たらを加えて再びふたをし、3～4分蒸し煮にし、火が通ったらざるにとる。

3 2のル・クルーゼをきれいにし、水1/4カップ(分量外)、塩少々を入れて火にかける。沸騰したらそら豆、アスパラガス、ブロッコリーを入れてふたをし、3～4分蒸し煮にし、ざるにとる。

4 アイヨリをつくる。ボウルに卵黄、芽を取ってすりおろしたにんにく、マスタードを入れ、泡立て器でよく混ぜる。オリーブ油をほんの少量ずつ加えながら、泡立て器でなめらかに混ぜていく。さらにサラダ油も加え、塩、こしょう、レモン汁で味をととのえる。

5 器に2、3を盛り合わせ、アイヨリを添える。仕上げに塩、こしょうをふる。

サラダの主役素材、ツナを自分でつくってみたら
定番サラダだって自慢したくなるおいしさ。

自家製ツナのニース風サラダ

材料（4人分）
ツナ
　刺身用まぐろ（きはだなど）
　　⇒1さく
　塩⇒小さじ1
　オリーブ油⇒大さじ6
　にんにく⇒1かけ
　ローリエ⇒1枚
　タイム⇒1〜2枝
トマト⇒2個
パプリカ（赤）⇒1/4個
玉ねぎ⇒1/8個
さやいんげん⇒12本
ゆで卵⇒1個
オリーブ⇒8個
アンチョビ（フィレ）⇒4枚
ドレッシング
　オリーブ油⇒大さじ2
　白ワインビネガー
　　⇒小さじ2
　塩⇒小さじ1/3強
　こしょう⇒少々

つくり方

1 ツナをつくる。まぐろは塩小さじ1/2をまぶし、10分ほどおく。ル・クルーゼにオリーブ油、まぐろ、ふたつ割りにして芽を取ったにんにく、ローリエ、タイム、残りの塩を入れ、弱火にかける。まぐろの表面が白っぽくなってきたら火を止め、そのまま冷ます（写真）。

2 トマトは乱切りに、パプリカは細切りに、玉ねぎは薄い輪切りにする。さやいんげんはへたを取ってさっと塩ゆでする。ゆで卵は食べやすい大きさに切る。

3 1のツナの油を軽くきり、粗くほぐす。

4 器に2の野菜、ツナ、オリーブ、アンチョビを盛り合わせ、よく混ぜ合わせたドレッシングをまわしかける。

ピストゥスープ

バジルをベースにした南仏のペースト「ピストゥ」と
野菜のおいしさがスープの中でひとつに。
つくり方⇒42ページ

たらとじゃがいものにんにくスープ

ほっくりとしたじゃがいもとたら。
熱々スープとにんにくで体が芯からあったまる。
つくり方⇒43ページ

ピストゥスープ

材料（4人分）
トマト⇒2個
さやいんげん⇒100g
じゃがいも⇒1個
玉ねぎ⇒1/2個
セロリ⇒1/2本
にんじん⇒1/2本
ズッキーニ⇒1本
オリーブ油⇒大さじ2
塩、こしょう⇒各適量
水⇒5カップ
ローリエ⇒1枚
ピストゥ⇒適量
パルメザンチーズ⇒適量

⇒⇒**野菜は冷蔵庫にあるものを適当に。ほかにキャベツ、長ねぎ、アスパラガス、ブロッコリー、カリフラワー、白いんげん豆など、なんでも。**

つくり方

1 トマトは湯むきして1cmの角切りにする。さやいんげんはへたを取り、1cm長さに切る。じゃがいもは皮をむき、ほかの野菜とともにすべて1cmの角切りにする。

2 ル・クルーゼを熱してオリーブ油を入れ、油が熱くなったら玉ねぎ、にんじん、じゃがいも、セロリ、さやいんげん、ズッキーニ、トマトの順に野菜を加えながら、そのつど軽く塩、こしょうをし、5～6分しっかりと炒める。

3 分量の水、ローリエを加え、煮立ったらふたをし、弱火で20分ほど煮る。仕上げに塩、こしょうで味をととのえる。

4 器に盛り、ピストゥ、おろしたパルメザンチーズをかけて食べる。

ピストゥ

材料（つくりやすい分量）
バジルの葉⇒約30枚
イタリアンパセリ⇒5本
オリーブ油⇒大さじ5
にんにく⇒1/2かけ
塩⇒小さじ1/2
こしょう⇒少々

つくり方

すべての材料をミキサーに入れ、なめらかにする。または、バジルとイタリアンパセリをみじん切りにし、にんにくは芽を取って、すりおろし、そのほかの材料と混ぜ合わせる。

⇒⇒保存瓶などに入れ、冷蔵庫で1週間～10日間保存できる。

たらとじゃがいものにんにくスープ

材料(4人分)
甘塩たら⇒3切れ
じゃがいも⇒3個
玉ねぎ⇒1/2個
にんにく⇒3かけ
赤唐辛子⇒1本
オリーブ油⇒大さじ2
水⇒5カップ
固形ブイヨン⇒1個
塩、こしょう⇒各少々

つくり方

1 甘塩たらは皮と骨を除き、ひと口大に切る。じゃがいもは皮をむいて1cm厚さの輪切りにし、水に5分ほどさらす。玉ねぎは薄切りにする。にんにくは芽を取ってみじん切りにし、赤唐辛子は半分に切って種を除く。

2 ル・クルーゼを熱してオリーブ油とにんにくを入れ、弱火で炒め、にんにくが薄く色づいたら玉ねぎを加えて炒める。しんなりしたら、水けをきったじゃがいもを加えてひと炒めする。

3 たら、分量の水、固形ブイヨン、赤唐辛子を加え、煮立ったらふたをし、弱火で15分ほど煮る。仕上げに塩、こしょうで味をととのえる。

Column 7

スープストックのつくり方

スープストックの代用品としてよく使われる固形ブイヨン。
手軽で便利ですが、たくさんの量を使うことはあんまり賛成できません。
せっかくの野菜や素材の味が、強い味にのみ込まれてしまうように思えるからです。
レシピは、目安として固形ブイヨンの量を入れたものにしましたが、
まず味わってみて、味が薄い場合には固形ブイヨンの助けを借りるようにしてもいいと思います。
ここでは、ごく簡単にできるスープストックのつくり方をご紹介します。

鍋に、洗った鶏手羽先6本と玉ねぎにクローブ1個をさしたもの、ローリエ、タイム、セロリ、パセリの軸、
長ねぎの青い部分1本分、粒こしょう3粒、水3ℓを入れます。
はじめは強火にかけ、沸騰したらアクを取り、ふたをしないで半量程度になるまで、
45分～1時間ほど弱火にかけます。
具を取り出してこすと、澄んだ色の、きれいな味のフォン・ド・ヴォライユ(チキンブイヨン)ができ上がります。
冷蔵庫で3～4日は保存可能。
もちろん、冷凍もできます。
取り出した手羽先は、肉をほぐして、サラダやサンドイッチの具などにしても。

ラタトゥイユ

しゃっきりと歯ごたえを残したラタトゥイユもいいけれど、
くったり煮込んだ野菜が今また新鮮。
ざっくり大きく切って、ちゃんと煮込んで。
つくり方⇒46ページ

たこのトマト煮

中途半端に煮るとたこは堅い。
時間があるときに、ゆっくりとほうっておくようにして煮てみてほしい。
つくり方⇒47ページ

ラタトゥイユ

材料（4人分）
トマト⇒3個
玉ねぎ⇒1個
なす⇒2個
ズッキーニ⇒1本
パプリカ（赤）⇒1個
にんにく⇒1かけ
オリーブ油⇒大さじ2〜3
塩⇒全量で小さじ1/2程度
こしょう⇒少々
ローリエ⇒1枚

つくり方

1 トマトは湯むきして、ざく切りにする。玉ねぎはくし形に切り、なす、ズッキーニ、パプリカは乱切りにする。にんにくはふたつ割りにして芽を取り、つぶす。

2 ル・クルーゼを熱してオリーブ油大さじ2とにんにくを入れ、弱火で炒める。にんにくが薄く色づいてきたら玉ねぎを加え、軽く塩、こしょうしてしんなりするまで炒める。なすを加えて2分ほど炒め、ズッキーニ、パプリカも加えてさらに2分ほど炒める（写真）。

⇒⇒**野菜を加えたら、そのつど塩、こしょうをし、それぞれの味を引き出すようにしっかりと炒める。オリーブ油も適宜足しながら炒めるとよい。**

3 トマト、ローリエを加えてふたをし、弱火で10〜15分煮る。仕上げに塩、こしょうで味をととのえる。

Column 8

野菜に汗をかかせる

スープや煮込み料理のベースづくりは、
野菜を炒めてから、水やブイヨンを加えて煮ていくこと。
ここで、大事なのは、野菜に塩、こしょうをして弱火でじっくりと炒めていく作業。
塩の力で、野菜のうまみや水分を引き出していきます。
くったりとして、野菜が汗をかいているようになるまで、
ゆっくりと野菜の様子を眺めながら炒めていくのです。
さあ、ここまですれば、料理のベースはできました。
あとは野菜の力を頼りに。
野菜が何種類か入っていれば、それ自体が野菜のスープストックになりますし、
肉、魚などのうまみ素材が入れば、固形ブイヨンの助けはいりません。
どうぞ、おいしい野菜、素材を選んでつくってみてください。
すっきりと澄んだ、体にやさしい料理ができ上がります。

たこのトマト煮

材料（4人分）
ゆでだこ⇒300g
玉ねぎ⇒1/2個
セロリ⇒1/2本
にんにく⇒1かけ
赤唐辛子⇒1本
アンチョビ（フィレ）⇒2枚
オリーブ油⇒大さじ2
白ワイン⇒1/2カップ
A ┌トマト水煮缶⇒1缶
　├ローリエ⇒1枚
　└タイム⇒1枝
オリーブ⇒8個
塩、こしょう⇒各少々

つくり方

1　たこはぶつ切りにする。玉ねぎ、セロリは薄切りにし、にんにくはふたつ割りにして芽を取り、つぶす。赤唐辛子は半分に切って種を取る。アンチョビはみじん切りにする。

2　ル・クルーゼにオリーブ油とにんにく、赤唐辛子を入れて火にかけ、弱火で炒め、にんにくが薄く色づいてきたら玉ねぎ、セロリを加えてしんなりするまで炒める。アンチョビ、たこを加え、軽く炒める。

3　白ワインを加えてひと煮立ちさせ、Aを加える。煮立ったらふたをし、弱火でゆっくりと1〜2時間煮る。仕上げにオリーブを加え、塩、こしょうで味をととのえる。

グラタンドフィノア

グラタンの中のグラタン。
正統な方法でつくることのおいしさを知ってほしい。

つくり方⇒50ページ

フランス風マッシュポテト

じゃがいもをおいしく蒸し煮したら、たっぷりのバターを使って仕上げて。
ごく普通の料理こそ、リッチにつくってみるのがいい。

つくり方⇒51ページ

グラタンドフィノア

材料(4人分)
牛乳⇒1½カップ
生クリーム⇒½カップ
じゃがいも⇒4個
塩⇒小さじ1
こしょう⇒少々
ナツメグ⇒少々
にんにく⇒½かけ
グリュイエールチーズ⇒80g

つくり方

1 ル・クルーゼに牛乳と生クリームを入れる。

2 じゃがいもは皮をむいて5mmくらいの薄切りにし、切ったそばから*1*に入れていく。

3 塩、こしょう、ナツメグを加えて弱火にかけ、ふたを少しずらしてしてじゃがいもがやわらかくなるまで、ゆっくり煮る(写真)。

4 グラタン皿ににんにくの切り口をこすりつけて香りを移し、バター(分量外)を塗る。*3*を入れて、おろしたチーズをのせ、220℃に予熱したオーブンで12~13分、表面にこんがり焼き色がつくまで焼く。

フランス風マッシュポテト

材料（4人分）
じゃがいも（メークイーン）
　⇒4個
水⇒1/2カップ
塩⇒適量
牛乳⇒1/2カップ
生クリーム
　⇒1/4カップ〜好みの量
バター（食塩不使用）
　⇒60g〜好みの量
こしょう⇒少々
ナツメグ⇒少々

つくり方
1　じゃがいもは皮をむき、4つに切る。
2　ル・クルーゼにじゃがいもと分量の水、塩少々を入れ、ふたをして火にかけ、弱火で蒸しゆでにする。
3　じゃがいもがやわらかくなったらふたをはずし、水分をとばしながら粉ふきにする。火を止め、木べらなどでつぶす。
4　再び弱火にかけ、牛乳を少しずつ加えながら混ぜ、なめらかな状態にする（写真）。続けて生クリームも加え、よく混ぜる。
⇒⇒**ここでハンドミキサーやフードプロセッサーなどにかけてピュレ状にすると、よりなめらかな仕上がりになる。**
5　火を止め、熱いうちにバターを少しずつ加えながら混ぜる。仕上げに塩、こしょう、ナツメグで味をととのえる。

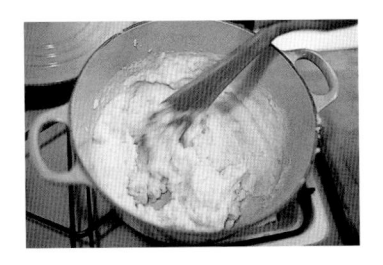

Column 9

バターの魔法

お菓子をつくるときのバターは無塩（食塩不使用のもの）で、
料理には有塩を、という使い分けでは、ときどき無理が出てしまいます。
お菓子にも料理にも無塩が基本（あえて塩を効かせたサブレやキャラメルなども人気ですが）。
私は、有塩のバターはもっぱらパン用。おいしい有塩バターをこってりのせて、パンを食べます。
料理ではバターは炒めたり、焼きつけたりといった使い方以外に、仕上げに加えることがよくあります。
こくがほしいとき、まろやかにしたいとき、とろみをつけたいとき、
艶をよくしたいときなどに、加えるのです。
これは「バターモンテ」といって、フレンチではおなじみの方法。
塩味は十分だけどバターの風味がほしい場合、有塩だとちょっとやりにくいので、無塩のものを。
レシピに書いてない場合でも、味見をして、必要だったら無塩のバターをちょっと落としてみてください。
ふわっとこくが広がります。

マッシュルームのギリシャ風

パリのお惣菜屋さんの定番メニュー。
たっぷりのきのこをお鍋でしっとりと炒め煮に。
つくり方⇒54ページ

レンズ豆のサラダ
豆を煮ることの楽しさ、その代えがたいおいしさを
最初に教えてくれたのは、やっぱりル・クルーゼ。
つくり方⇒55ページ

シャンピニオンのギリシャ風

材料（4人分）
シャンピニオン（マッシュルーム）
　⇒2パック
エリンギ⇒1パック
玉ねぎ⇒1/2個
セロリ⇒1/2本
トマト⇒1個
オリーブ油⇒大さじ2
コリアンダーシード⇒小さじ1/2
塩、こしょう⇒各適量
白ワイン⇒大さじ2
レモン汁⇒小さじ2
トマトケチャップ⇒小さじ1

つくり方
1　マッシュルームはふたつ割りにする。エリンギは手で食べやすく裂き、3等分の長さに切る。玉ねぎ、セロリは薄切りにする。トマトは湯むきしてざく切りにする。
2　ル・クルーゼにオリーブ油とコリアンダーシードを入れて熱し、玉ねぎを入れてしんなりするまで炒める。マッシュルーム、エリンギを加えて軽く塩、こしょうをし、炒める。
3　白ワイン、レモン汁、セロリ、トマトを順に加えながら炒め、トマトケチャップを加えて5分ほど煮る。仕上げに塩、こしょうで味をととのえる。

レンズ豆のサラダ

材料(4人分)
レンズ豆⇒150g
玉ねぎ⇒1/2個
にんじん⇒1/2本
マッシュルーム⇒1パック
ベーコン⇒2枚
ローリエ⇒1枚
オリーブ油⇒大さじ1
塩、こしょう⇒各少々
A ┌ オリーブ油⇒大さじ3
　 │ ワインビネガー⇒小さじ2
　 └ 粒マスタード⇒小さじ2

つくり方
1　レンズ豆は水からさっとゆで、湯をきる。
2　玉ねぎ、にんじんは1cm角に切る。マッシュルームは5mm厚さに切る。ベーコンは1cm幅に切る。
3　ル・クルーゼにレンズ豆、玉ねぎ、にんじん、ローリエ、たっぷりの水を入れて火にかけ、煮立ったらふたをし、弱火で20分ほど煮る(写真)。ざるにあげ、水けをしっかりきってからル・クルーゼに戻し入れる。
4　フライパンにオリーブ油を熱し、ベーコンを入れて炒める。脂が出てきたらマッシュルームを加え、軽く塩、こしょうして炒める。
5　3に4を加え混ぜ、Aを加えてさらに混ぜ合わせる。

Part 3

つくってみたい
フレンチクラシック

ことこと煮込んだ豆や肉の煮込み料理は、

体の奥底から幸せになる味がします。

ル・クルーゼがあれば、そんなフレンチも身近な存在に。

素材の味を引き出すように料理をしたら、

クラシックなのにどこか新しい、はじめましてのフランス料理。

レンズ豆とプティサレの煮込み

塩漬け豚「プティサレ」と、豆をやわらかくしっとり煮上げる。
伝統的な料理とお鍋はいつでも、最高の相性。

つくり方⇒58ページ

レンズ豆とプティサレの煮込み

材料（4人分）
豚バラかたまり肉⇒500g
塩⇒適量
レンズ豆⇒200g
玉ねぎ⇒1/2個
セロリ⇒1/2本
にんじん⇒1/2本
にんにく⇒1かけ
オリーブ油⇒大さじ1
水⇒3 1/2カップ
A ┌固形ブイヨン⇒1/2個
　├ローリエ⇒1枚
　└タイム⇒2枝
こしょう⇒少々

つくり方

1 豚肉は全体に塩大さじ1をすり込み、ラップに包んで冷蔵庫に入れ、ひと晩おく。
⇒⇒**プティサレ（塩漬け豚）は、このまま4〜5日間保存できる。**

2 レンズ豆は水からさっとゆで、湯をきる。

3 1の肉の表面を水洗いする。玉ねぎ、セロリ、にんじんは5mm角に切る。にんにくは芽を取って、みじん切りにする。

4 ル・クルーゼを熱してオリーブ油を入れ、油が熱くなったらにんにく、玉ねぎ、セロリ、にんじんを入れてしんなりするまで炒める。

5 2のレンズ豆を加えてひと混ぜし、その上に肉をのせる。分量の水とAを加え、煮立ったらふたをし、弱火で40〜50分煮る（写真）。仕上げに塩、こしょうで味をととのえる。

6 器にレンズ豆と野菜を盛り、食べやすく切り分けた肉をのせる。

Column 10

塩の使い方

フレンチをつくるときに、いつも使っているのは、フランス、ブルターニュ地方産のゲランドの塩。
海水を塩田にまいて天日で乾燥させたもので、私は粗塩、細かい塩、フルール・ド・セルの3種を常備してます。
粗塩は、天然のミネラルや海水に含まれる海草成分を含んだグレーで、結晶化したもの。
細かい塩は、それを使いやすいように粉砕したもの。
フルール・ド・セルは、その塩田の表面をふわっと覆っている結晶塩で、塩の花といわれています。
煮込み料理には主に粗塩を使いますが、
料理の味のととのえ、炒めもの、下味、ソースをつくるときは細かい塩を、
仕上げのトッピング、テーブルに出す塩にはフルール・ド・セルを使います。
私にとっては、どれもなくては料理ができないほど。
産地の違う塩をいろいろ揃えるのも楽しいのですが、粒子によって使い分けるのは料理の基本。
それぞれの違いを、ぜひマスターして。

Column 11

火加減と、ふたのこと

煮込み料理は、煮汁が煮立つまでは中強火で煮ます。
煮始めは、お肉や魚の臭み成分をとばすため、アルコールをとばすため、
強めの火で一気に出てくるアクを取り除くために、ふたをしないで強めの火で。
ゆっくりと煮込む段階になったら、ふたをして弱火にし、ル・クルーゼにおまかせ。
あとはときどきふたをあけて、焦げつかないようにかき混ぜたり、アクを取ったりするぐらいです。
ル・クルーゼの重たいふたは、圧力鍋のような効果さえも生み出し、素材をやわらかくします。
そして、野菜から引き出された水分を逃がさずに、おいしいスープをつくり出します。
やわらかく煮込まれたら、仕上げに入りましょう。
水分が多く、濃度が薄いようならば、ふたをとって水分をとばし、好みの加減にしていきます。
火の加減とふたの使い方、ル・クルーゼでなら、とても簡単。

カスレ

豆の煮込み料理の力強いおいしさ。
素材を引き出してくれる道具があって、
料理はまたおいしくなれる。

つくり方⇒*62*ページ

牛肉のオレンジ煮

こっくりとオレンジで牛肉を煮る。
褐色に煮上がったら、お肉のおいしさも上々に。
つくり方⇒*63*ページ

カスレ

材料（4人分）

鴨胸肉⇒1枚
　（または豚バラかたまり肉
　　250g）
ベーコン⇒3枚
玉ねぎ⇒1個
にんにく⇒1かけ
にんじん⇒1/2本
セロリ⇒1/2本
サラダ油⇒少々
白ワイン⇒1/4カップ
白いんげん豆
　（ゆでたもの、または水煮缶）
　　⇒2カップ（※参照）
A ┬ トマト水煮缶⇒1缶
　│ 豆のゆで汁（または水）
　│ 　⇒1カップ
　│ 固形ブイヨン⇒1個
　│ ローリエ⇒1枚
　└ タイム⇒2枝
ソーセージ⇒4本
塩、こしょう⇒各少々
パン粉、バター⇒各適量

つくり方

1 鴨肉は大きめのひと口大に切り、ベーコンは1cm幅に切る。

2 玉ねぎ、芽を取ったにんにくはみじん切りに、にんじん、セロリは1cm角に切る。

3 ル・クルーゼを熱してサラダ油をなじませ、鴨肉を入れて両面をこんがりと焼く（写真）。ベーコンを加えて炒め、*2*の野菜を加えて野菜がしんなりするまで炒める。

4 白ワインを加えてひと煮立ちさせ、白いんげん豆とAを加える。煮立ったらふたをし、弱火で30分ほど煮る。ソーセージを加えてさらに15分ほど煮て、塩、こしょうで味をととのえる。

5 グラタン皿に*4*を入れ、パン粉をふり、バターを小さくちぎってところどころにのせる。230℃に予熱したオーブンで10～15分、表面がこんがりするまで焼く。

※白いんげん豆のゆで方

豆は水でよく洗ってたっぷりの水につけ、ひと晩おく。水けをきってル・クルーゼに入れ、たっぷりの水を入れて火にかける。煮立ったらふたをし、弱火でことこと、1時間ほどゆでる。

缶詰の豆を使う場合には、ざるにあけてさっと水洗いしてから使う。缶汁は使わず、ゆで汁の代わりに水を使う。

POST CARD

切手を
お貼り
下さい

105-0004

東京都港区新橋6-14-5

地　球　丸

書籍愛読者アンケート係　行

平野由希子・著
「ル・クルーゼ」で、つくりたい料理

ふりがな			
ご住所	〒		
ふりがな		性別	男　女
お名前		年齢	歳

Tel.

e-mail

ご職業		業種	
		職種	

家族構成　　未婚　・　既婚（子ども　　　人　　　　歳）

本書を何で知りましたか？
①書店　②新聞広告　③雑誌広告　④インターネット　⑤口コミ　⑥その他

本書ご購入の動機は？

ご記入いただいた項目は出版企画の参考にさせていただくとともに、愛読者抽選プレゼントの発送に利用させていただきます。利用後はすみやかに断裁破棄いたします。

書　名
平野由希子・著
「ル・クルーゼ」で、つくりたい料理　　　　　　　　　　　④-1051

[地球丸]

■本書のご感想

■本書で気に入った項目(料理)をあげてください

■小説・エッセイなどのジャンルで好きな作家を教えてください

■雑貨・料理・手芸などのジャンルで好きな作家を教えてください

■ル・クルーゼ製品をお持ちですか？　また、お持ちのものは何ですか？

愛読者サービス　　このカードをお送り下さった方の中から抽せん(25日締切)により下記のとおり図書カードを進呈いたします（発表は発送をもって代えさせていただきます）
1等3,000円券5名、2等2,000円券10名、3等1,000円券20名

牛肉のオレンジ煮

材料（4人分）
牛バラかたまり肉⇒600ｇ
塩、こしょう⇒各適量
オレンジ⇒2個
トマト⇒2個
玉ねぎ⇒1個
にんにく⇒1かけ
サラダ油⇒大さじ1
バター⇒大さじ1
小麦粉⇒大さじ2
白ワイン⇒1/2カップ
水⇒1/2カップ
A ┌固形ビーフブイヨン⇒1個
 │ローリエ⇒1枚
 └タイム⇒1枝

つくり方
1 牛肉は大きめのひと口大に切り、塩、こしょうをする。オレンジは半分に切って果汁を搾る。トマトは湯むきし、ざく切りにする。玉ねぎは薄切りに、にんにくは芽を取ってみじん切りにする。
2 ル・クルーゼを熱してサラダ油とバターを入れ、バターが溶けたら牛肉を入れて焼く。肉の表面の色が変わったら、小麦粉をふり入れ、3〜4分炒める。
3 にんにく、玉ねぎを順に加えてしんなりするまで炒め、トマトを加えてひと炒めする。
4 白ワインを加えてひと煮立ちさせ、*1*のオレンジ果汁、分量の水、Aを加える。煮立ったらふたをし、弱火で1〜2時間煮る。途中でときどき、鍋底をこそげるようにしてかき混ぜる。仕上げに塩、こしょうで味をととのえる。
5 器に盛り、好みでオレンジの皮をおろして散らす。

鶏のマスタード煮

たっぷりのディジョンマスタードで煮込む伝統の方法で、
鶏肉はさっぱり、こっくり、しっとり。

つくり方⇒**66**ページ

鶏肉のバスク風煮込み

スペイン国境に近いフランスバスク地方の煮込み。
パプリカのもつ深い味を引き出して、力強いソースを。

つくり方⇒**67**ページ

鶏のマスタード煮

材料（4人分）
鶏手羽元⇒12本
玉ねぎ⇒2個
にんにく⇒1かけ
カリフラワー⇒1株
オリーブ油⇒大さじ½
バター⇒大さじ½
水⇒2カップ
ローリエ⇒1枚
タイム⇒2枝
ディジョンマスタード⇒大さじ5
塩、こしょう⇒各少々

つくり方

1 鶏手羽元は水けをふく。玉ねぎはくし形に切り、にんにくはふたつ割りにして芽を取り、つぶす。カリフラワーは小房に分ける。

2 フライパンにオリーブ油とバターを熱し、手羽元を入れて表面をこんがりと焼く。焼き色がついたものから、ル・クルーゼに移し入れる。

3 2のフライパンににんにく、玉ねぎを入れてしんなりするまで炒め、2のル・クルーゼに移す。空いたフライパンに分量の水を入れてひと煮立ちさせ、ル・クルーゼに移し入れる。

4 3のル・クルーゼにローリエ、タイムを加えて火にかけ、煮立ったら弱火にして20分ほど煮る。カリフラワーを加えてさらに10分ほど煮て、マスタード（写真）を加えてひと煮立ちさせる。仕上げに塩、こしょうで味をととのえる。

鶏肉のバスク風煮込み

材料（4人分）
鶏もも骨つき肉⇒4本
パプリカ（赤、黄など）⇒2個
生ハム（またはベーコン）⇒2枚
玉ねぎ⇒1個
にんにく⇒1かけ
オリーブ油⇒大さじ2
白ワイン⇒1/2カップ
水⇒1/2カップ
A ┌ トマト水煮缶⇒1缶
　├ 赤唐辛子⇒1本
　└ タイム⇒1枝
塩、こしょう⇒各少々

つくり方

1 鶏肉は関節のところで半分に切り、水けをふく。パプリカは8等分に切る。生ハムはざく切りにする。玉ねぎは薄切りにし、にんにくはふたつ割りにして芽を取り、つぶす。

2 フライパンにオリーブ油を熱し、鶏肉の皮目を下にして入れ、強火で表面にこんがりと焼き色をつける。両面が焼けたものから、ル・クルーゼに移し入れる。

3 2のフライパンににんにく、玉ねぎ、生ハム、パプリカの順に加え、野菜がしんなりするまで炒め、ル・クルーゼに移し入れる。

4 3のフライパンに白ワインを入れてひと煮立ちさせ、ル・クルーゼに移し入れる。

5 ル・クルーゼに分量の水とAを加え、煮立ったらふたをし、弱火で20分ほど煮る。仕上げに塩、こしょうで味をととのえる。

Column 12

お肉の部位

フランスと日本では売っているお肉の種類も違いますが、切り方もまた、大きく違います。
日本ではおなじみの薄切り肉は、フランスでは売っていないのです。
ひき肉もタルタルステーキ用とファルシ用に売っているぐらい。基本的には、みんなかたまりや厚切りです。
どの部分をこのぐらいの厚さで何gくらい、といって頼みます。
鶏肉も、日本でおなじみの骨なしのもも肉は売っていません。
骨つきの鶏もも肉、もしくは一羽まるまる買って使います。
この本では日本の事情に合わせ、骨なしのもも肉、手羽元も使ってみました。
骨つき肉の料理に骨なしもも肉を使う場合には、煮込み時間を短めにしてみてください。
だしはやはり、骨つきのほうがよく出ます。
骨なしもも肉と手羽元、手羽先などを組み合わせるのも、おすすめの方法。
フランスと日本で、素材の違いはいろいろありますが、
牛肉などは日本の上等なお肉のほうが煮込み時間がぐっと少なくても
やわらかく煮えるなど、いい点だってあります。たとえば、薄切り肉を煮込み料理に使う場合、
煮込み始めに薄切り肉を加えてソースに味を移したら、一度取り出し、
ソースが煮詰まったときに戻します。これなら、短時間でおいしくでき上がります。
日本だからこそ、おいしくつくれるフレンチだってあるのです。

子羊と春野菜のナヴァラン

色とりどりの野菜たっぷりの軽やかな煮込み。
春野菜と子羊、ハーブがお鍋で出合う。
つくり方⇒**70**ページ

子羊のクスクス

パリに行ったらクスクスが食べたくなるのと同じくらいに
野菜のうまみたっぷりの煮込みがあると、クスクスが食べたくなる。
つくり方⇒**71**ページ

子羊と春野菜のナヴァラン

材料(4人分)
新玉ねぎ⇒1個
新にんじん⇒1本
マッシュルーム⇒1パック
そら豆(さやから出して)
　⇒100g
トマト⇒1個
にんにく⇒2かけ
ラムチョップ⇒8本
塩、こしょう⇒各適量
オリーブ油⇒大さじ2
砂糖⇒小さじ1/2
白ワイン⇒1/2カップ
水⇒2カップ
A ┌固形ブイヨン⇒1個
　│ローリエ⇒1枚
　└タイム⇒2枝

つくり方

1 新玉ねぎはくし形に、新にんじんは1cm幅の輪切りにする。マッシュルームはふたつ割りにする。そら豆は薄皮をむく。トマトは湯むきして、ざく切りにする。にんにくはふたつ割りにして芽を取り、つぶす。

2 ラムチョップは両面に軽く塩、こしょうする。ル・クルーゼを熱してオリーブ油大さじ1を入れ、油が熱くなったらラムを入れて中強火で両面にこんがりと焼き色をつけ(写真)、取り出す。

3 *2*のル・クルーゼに残りのオリーブ油を足して熱し、玉ねぎと砂糖を加え、弱火できつね色になるまで炒める。にんにく、にんじん、マッシュルームを加えてしんなりするまで炒め、トマトを加えてひと炒めする。

4 白ワインを加えてひと煮立ちさせ、分量の水とAを加え、煮立ったらふたをして弱火で20分ほど煮る。そら豆を加え、さらに10分ほど煮る。

5 *4*に*2*のラムを戻し入れ、塩、こしょうで味をととのえる。

子羊のクスクス

材料（4人分）
玉ねぎ⇒1個
パプリカ⇒1個
オクラ⇒1袋
ズッキーニ⇒1本
にんにく⇒1かけ
ラムチョップ⇒8本
塩⇒全量で小さじ1/3
こしょう⇒適量
オリーブ油⇒大さじ2
クミンシード⇒小さじ1
水⇒3カップ
ひよこ豆
　（ゆでたもの、または水煮缶）
　⇒1カップ
A ┌ トマト水煮缶⇒1缶
　├ クミンパウダー⇒小さじ1
　├ コリアンダーパウダー
　│　⇒小さじ1
　├ 粗びきこしょう⇒少々
　└ 赤唐辛子⇒1本

つくり方

1　玉ねぎは薄切りに、パプリカは8等分に切る。オクラはへたをそぎ落とす。ズッキーニは1cm厚さの輪切りに、にんにくは芽を取って、みじん切りにする。

2　ラムチョップは両面に軽く塩、こしょうする。ル・クルーゼを熱してオリーブ油大さじ1を入れ、油が熱くなったらラムを入れて中強火で両面にこんがりと焼き色をつけ、取り出す。

3　2のル・クルーゼに残りのオリーブ油を足して熱し、にんにくとクミンシードを入れて弱火で炒める。にんにくが薄く色づいてきたら玉ねぎを加えてしんなりするまで炒め、パプリカ、ズッキーニを加え、塩、こしょうしてさらに炒める。

4　3に2のラムを戻し入れ、分量の水、ひよこ豆、Aを加える。煮立ったらふたをし、弱火で20分ほど煮る。オクラを加えてさらに10分ほど煮て、仕上げに塩、こしょうで味をととのえる。

クスクス

材料（4人分）
クスクス⇒150g
水⇒2/3カップ
レーズン⇒大さじ2
オリーブ油⇒小さじ2
塩、こしょう⇒各少々

つくり方

1　ル・クルーゼに分量の水を入れて火にかけ、沸騰したらクスクス、レーズン、オリーブ油、塩、こしょうを入れて火を止め、ふたをして10分ほど蒸らす。

2　蒸らし終わったら、フォークで細かくほぐしながら混ぜる。

トリップの煮込み

たまにこういう煮込みがつくりたくなる。
ワイン片手に鼻歌まじり、そんな時間も結構楽しい。
つくり方⇒74ページ

シンプル・シュークルート

アルザス地方の伝統料理をシンプルにアレンジ。
さっぱりと漬けたら、くったり煮込む。そんなキャベツも新鮮。
つくり方⇒75ページ

トリップの煮込み

材料(4人分)
トリップ(ハチノス、センマイ、
　ミノなど下ゆでしたもの)、
　または鶏や豚のモツ
　⇒500g
玉ねぎ⇒1/2個
にんにく⇒1かけ
ベーコン⇒2枚
オリーブ油⇒大さじ2
白ワイン⇒1/2カップ
水⇒1カップ
A ┌トマト水煮缶⇒1缶
　│固形ブイヨン⇒1個
　│ローリエ⇒1枚
　└タイム⇒1枝
塩、こしょう⇒各少々
イタリアンパセリ⇒3本

つくり方
1　トリップはよく水洗いしたあと、たっぷりの湯でさっとゆで、湯をきる。鍋にたっぷりの水とともに入れて火にかけ、煮立ったら弱火にして1時間ほどゆで(写真)、ざるにあげて湯をきる。
2　玉ねぎ、芽を取ったにんにくはみじん切りにする。ベーコンは1cm幅に切る。
3　ル・クルーゼにオリーブ油とにんにくを入れて火にかけ、弱火で炒め、にんにくが薄く色づいてきたら玉ねぎを加えてしんなりするまで炒める。ベーコンを加えて炒め、1のトリップを加えてさらに炒める。
4　白ワインを加えて煮立て、半量程度になるまで煮る。分量の水とAを加え、煮立ったらふたをし、弱火で1時間ほど煮る。塩、こしょうで味をととのえ、イタリアンパセリのみじん切りを加える。

シンプル・シュークルート

材料（4人分）
キャベツ⇒2/3個
A ┌ 塩⇒小さじ1
  │ ワインビネガー
  └   ⇒大さじ1
玉ねぎ⇒1/2個
オリーブ油⇒大さじ1
豚スペアリブ⇒4本
ソーセージ⇒4本
ベーコン⇒4枚
ワインビネガー⇒大さじ3
白ワイン⇒1/4カップ
水⇒1/4カップ
ローリエ⇒1枚
塩、こしょう⇒各少々

つくり方
1　キャベツは太めのせん切りにしてボウルに入れ、Aをふって軽く混ぜ、15分ほどおく（写真）。しんなりしたら水けをしぼる。
2　玉ねぎは薄切りにする。
3　ル・クルーゼを熱してオリーブ油を入れ、油が熱くなったらスペアリブ、ソーセージ、ベーコンを入れ、中強火で表面にこんがりと焼き色をつける。焼けたものから、いったん取り出す。
4　3のル・クルーゼに玉ねぎを入れ、弱火でしんなりするまで炒める。1のキャベツを加えてさらに炒め、スペアリブ、ベーコンを戻し入れる。
5　ワインビネガー、白ワインを順に加えてひと煮立ちさせ、分量の水、ローリエを加える。煮立ったらふたをし、弱火で30分ほど煮る。ソーセージを加えてさらに10〜15分煮て、仕上げに塩、こしょうで味をととのえる。

Part 4

オーブンで
ル・クルーゼ

ル・クルーゼとオーブンは、実はとっても仲がいいのです。

長時間煮込む料理はなんでも、オーブンに

お鍋ごと入れてしまえばでき上がるから。

これで、今まで悩んでいた焦げついてしまうこと、

煮崩れてしまうこととは、もう無縁。

オーブンの熱をル・クルーゼがやさしく伝えてくれるから、

煮る、焼く、蒸し焼きの腕が一気に上がります。

じゃがいもと豚肉の重ね焼き

切って重ねて焼くだけ。材料もいたってシンプル。
だからこそ、火の通し方ひとつで味の違いが出るのです。

つくり方⇒**79**ページ

オーブンでル・クルーゼ

煮込み料理は、基本的にすべてオーブンでつくれます。
まずは、直火にかけて炒めたり、焼いたりし、水分を加えてひと煮します。
それからふたをして、予熱をしたオーブンの中に。
そうしてつくった料理は、
煮崩れしやすい素材もとてもきれいに、しっとりと煮上がります。
それに、なんといっても手が離れてしまうし、
コンロが空くので、たくさんの料理を一度につくるときはとても楽。
温度は200℃を目安に、時間は直火のときと同じから、やや長めに。
水分は直火のときよりもとびにくいので
濃度を調整したいときは、ふたを取って直火にかけ、
水分をとばしながら仕上げましょう。
こういう方法は、ヨーロッパでは昔からなされていたこと。
だから、ル・クルーゼのふたは230℃までの耐熱。
煮込み料理をオーブンですることを考えて、つくられているのです。
古くはパン屋さんの釜にお鍋を持っていって、
パンを焼いているその脇で煮込み料理をさせてもらうこともあったそう。

じゃがいもと豚肉の重ね焼き

材料(4人分)
豚バラ薄切り肉⇒250g
塩⇒小さじ1
じゃがいも⇒4個
玉ねぎ⇒1個
セージ⇒7〜8枚
こしょう⇒適量
白ワイン⇒大さじ2

つくり方
1　豚肉は塩を全体にまぶし、10分以上おく。
2　じゃがいもは皮をむいて薄切りに、玉ねぎは薄切りにする。
3　ル・クルーゼに豚肉の1/3量を広げながら並べ、玉ねぎ、じゃがいも、セージをそれぞれ1/3量ずつ広げてのせ、こしょうをふる。これをさらに2回繰り返し、白ワインをふり入れる。
4　3のル・クルーゼを火にかけ、ル・クルーゼが温まったら200℃に予熱したオーブンにル・クルーゼごと、ふたをして入れ、30分ほど加熱する。
5　器に盛り、こしょうをふる。

オイルサーディン

お鍋とオーブンにまかせて、じっくり、しっかり揚げて煮る。
自家製のおいしさ、これで日常の仲間入り。

つくり方⇒*82*ページ

オニオングラタンスープ

飴色玉ねぎづくりから、焼き上がりまでおまかせ。
あんなに大変だったのが、嘘みたい。

つくり方⇒83ページ

オイルサーディン

材料（4人分）
いわし⇒4尾
塩⇒小さじ1
にんにく⇒1かけ
オリーブ油⇒適量
粒こしょう⇒3粒
ローリエ⇒2枚
タイム⇒2〜3枝

つくり方
1 いわしは頭を切り落とし、腹の部分を斜めに切り落としてワタを取り、塩水で腹の中までよく洗い、水けをふく。全体に塩をふって10分ほどおき、水けをふき取る。
2 にんにくはふたつ割りにし、芽を取る。
3 ル・クルーゼにいわしを重ならないように並べ、オリーブ油をひたひた程度に注ぐ。にんにく、粒こしょう、ローリエ、タイムを加えて火にかけ（写真）、ル・クルーゼが温まる程度に加熱する。
4 180℃に予熱したオーブンにル・クルーゼごと、ふたをして入れ、1時間ほど加熱する。
⇒⇒**油をきってそのまま食べてもよいが、フライパンで両面をこんがり焼いて食べると、さらにおいしい。**

Column 13

映画の中のル・クルーゼ

フランスの家庭のキッチンで、時を重ねて使われているル・クルーゼ。
やっぱり、映画の中でも発見することができました。
印象的な、50年代につくられたレイモンド・ローウィデザインのモデル。
私の持っているル・クルーゼの中でもお気に入りのものなのですが、
サンドリーヌ・ヴェイセ監督の『クリスマスに雪は降るの？』の中で同じお鍋を発見。
苦しい生活をしている母と7人の子どもたちの家庭が描かれているのですが、
そのキッチンにオレンジ色のお鍋があったのです。
プロヴァンスに暮らす彼らの家では、
きっとおいしい煮込み料理がつくられていたはず。
クリスマスの料理にも使われたのかもしれません。

オニオングラタンスープ

材料（4人分）
玉ねぎ⇒2個
バター⇒大さじ2
塩、こしょう⇒各少々
白ワイン⇒1/4カップ
水⇒5カップ
固形ブイヨン⇒1個
バゲット⇒20cm
グリュイエール、エメンタールなど好みのチーズ⇒50g

つくり方

1 玉ねぎは繊維を断つように薄切りにする。

2 ル・クルーゼを熱してバターを入れ、玉ねぎを入れ、軽く塩、こしょうをして炒める（写真*a*）。全体に油がまわったら、200℃に予熱したオーブンにル・クルーゼごと、ふたをしないで入れ、40～50分加熱する。途中で3～4回取り出し、かき混ぜる（写真*b*）。

3 玉ねぎが飴色になったら、ル・クルーゼをオーブンから取り出して火にかけ、白ワインを注いで煮立てる。水分がほぼなくなったら分量の水、固形ブイヨンを加え、煮立ったら弱火にして30分ほど煮る。

4 バゲットは2cm角に切り、オーブンで軽く焼く。チーズはおろす。

5 3にバゲット、チーズをのせ、220℃に予熱したオーブンにル・クルーゼごと、ふたをしないで入れ、10分ほど加熱する。

鶏もも肉と野菜の蒸し焼き

鶏×野菜。お鍋の中でお互いに
おいしさを高め合いつつ、焼き上がります。

つくり方⇒86ページ

ローストチキン

ル・クルーゼで焼き上げることで、しっとりジューシー。
ソースいらずのおいしさです。
つくり方⇒87ページ

鶏もも肉と野菜の蒸し焼き

材料（4人分）
鶏もも肉⇒2枚
塩、こしょう⇒各適量
キャベツ⇒1/4個
プチトマト⇒8個
オリーブ油⇒大さじ1
バター⇒小さじ1
タイム⇒2〜3枝
粒マスタード⇒適量

つくり方
1　鶏肉は両面にしっかりめに塩、こしょうする。
2　キャベツは芯ごと半分に切り、プチトマトはへたを取る。
3　ル・クルーゼを熱してオリーブ油を入れ、油が熱くなったら鶏肉を皮目を下にして入れ、表面にこんがりと焼き色をつける。
4　鶏肉を裏返して皮目を上にし、バターをのせる。あいたところにキャベツを並べ（写真）、タイムをのせてふたをし、200℃に予熱したオーブンにル・クルーゼごと入れ、10分焼く。
5　ふたをはずしてすき間にプチトマトを入れ、ふたをしてさらにオーブンで10分焼く。
6　切り分けて器に盛り、塩、こしょう、粒マスタードを添え、好みでつけながら食べる。

ローストチキン

材料（4〜6人分）
若鶏⇒1羽
塩⇒約小さじ1強
こしょう⇒適量
にんにく⇒5かけ
タイム⇒2〜3枝
じゃがいも⇒4個
ローリエ⇒1枚
オリーブ油⇒大さじ1
バター⇒大さじ1

つくり方

1 若鶏のおなかの中に塩、こしょうをまぶし、にんにく1かけ、タイム1枝を入れる。表面にも塩、こしょうをふる。

2 じゃがいもは皮ごと4つ切りにし、しっかりめに塩、こしょうをする。

3 ル・クルーゼに鶏の側面が上になるようにして入れ、じゃがいも、残りのにんにく、タイム、ローリエをまわりに並べ入れる（写真）。オリーブ油をまわしかけ、バターをところどころにちぎってのせる。

4 3のル・クルーゼを火にかけて温め、220℃に予熱したオーブンにル・クルーゼごと入れて15分焼く。オーブンから取り出して鶏を裏返し、鍋底の肉汁をスプーンですくって全体にまわしかけ、再びオーブンで15分焼く。

⇒⇒**オーブンから取り出すたびに、肉汁をまわしかけると、ジューシーに焼ける。**

5 取り出して鶏の腹側を上にし、さらにオーブンで10〜15分焼く。ももの部分に竹串を刺して、出てくる汁が透明だったら焼き上がり。

6 オーブンから取り出し、15分ほど休ませ、肉汁を落ちつかせてから切り分ける。

Part 5

ル・クルーゼで
デザート

フランス料理のしめくくりに欠かせないデザートづくりも

もちろん、ル・クルーゼで。

ゆっくりのんびりつくっていると

お菓子づくりの時間が一段といとおしく、

甘いものをいただく幸せな気持ちが深まるような気がします。

タルト オ シトロン

酸味のあるクリームをおいしく煮るのが得意なル・クルーゼ。
そんな風にしてつくったタルトはとりわけお気に入り。

つくり方⇒**90**ページ

タルト オ シトロン

材料
（φ10cmのタルト型6個分）

タルト生地
- バター（食塩不使用）⇒70g
- 粉砂糖（または上白糖）
  ⇒40g
- 塩⇒ひとつまみ
- 卵黄⇒1個
- 薄力粉⇒125g

シトロンクリーム
- 卵⇒3個
- グラニュー糖⇒120g
- レモン汁⇒75㎖
- レモンの皮のすりおろし
  ⇒1個分
- バター（食塩不使用）⇒50g

つくり方

1　タルト生地をつくる。バターは室温にもどしてボウルに入れ、泡立て器で白っぽくなるまで混ぜる。粉砂糖、塩を加えてすり混ぜ、卵黄を加える。薄力粉をふるい入れてゴムベラで切るように混ぜ、全体がしっとりしてきたら、ラップで包み、冷蔵庫で30分以上休ませる。

2　1の生地を3mm厚さにのばして型に敷き込み、フォークで底全体に穴をあけ、180℃に予熱したオーブンで15分焼く。途中、10〜12分焼いたところでいったん取り出し、フォークなどで生地のふくらみを軽くつぶす。

⇒⇒こうすることで、**タルト用のアルミの重石をのせなくてもよくなる。**

焼き上がったら粗熱をとり、型からはずして冷ます。

3　シトロンクリームをつくる。ボウルに卵、グラニュー糖を入れて混ぜ、レモン汁を加えてよく混ぜる。レモンの皮も加えて混ぜる。

4　ル・クルーゼに3を入れ、かき混ぜながら弱火にかける。とろみがついたら火からおろし、熱いうちにバターを少しずつ加えて混ぜる。

5　クリームの粗熱がとれたら、2のタルトに入れる。

チョコレートフォンデュ

とろりと熱いチョコレートが小さいル・クルーゼの中に。ひとりじめしたくなる。

材料（φ10cmの　ミニ・ココットで1〜2人分）
製菓用チョコレート⇒60ｇ
生クリーム⇒大さじ3
牛乳⇒大さじ3
グランマルニエなど
　好みのリキュール
　　⇒大さじ1
いちご、
　ミニクロワッサンなど
　　⇒各適量

つくり方
1　チョコレートは細かく刻む。
2　ル・クルーゼに生クリーム、牛乳を入れて火にかけ、ふつふつとしてきたら火を止め、チョコレートを加え、なめらかに溶かす。香りづけにグランマルニエを加える。
3　いちご、ミニクロワッサンなど、好みのものに2をつけながら食べる。

⇒⇒ほかにもオレンジ、きんかんやアプリコット、いちじくなどのドライフルーツ、ブリオッシュなどもおすすめ。

ル・クルーゼプリン

お鍋ごとのうれしさ。そしてもっとうれしいのは、そのなめらかさ。
ル・クルーゼの熱伝導のおかげでできるプリンです。

材料
**（φ16cmのココット・ロンド
　1個分）**
卵⇒3個
卵黄⇒2個
グラニュー糖⇒70g
バニラビーンズ⇒1/2本
牛乳⇒2カップ
カラメル
　┌ グラニュー糖⇒60g
　└ 水⇒大さじ3

つくり方
1　カラメルをつくる。ル・クルーゼにグラニュー糖と水大さじ1を入れて中火にかけ、鍋を揺すりながら、濃いキャラメル色になるまで加熱する。火を止めて残りの水大さじ2を加える。
2　ボウルに卵、卵黄、グラニュー糖を入れ、泡立て器でよく混ぜる。
3　バニラビーンズはさやを縦に裂き、中の種をしごき出す。
4　小鍋に牛乳、3のバニラビーンズの種とさやを入れて火にかけ、沸騰する直前で火を止める。
5　2に4を3回に分けて静かに加え、よく混ぜる。
6　1のル・クルーゼに、5の液をこしながら注ぎ入れる。
7　オーブンの天板に湯をはり、160℃に予熱する。6のル・クルーゼを、ふたをしないで入れ、約40分焼く。

オランジェット

しっとりと煮上がったオレンジピールは、
好きな人にしか食べさせたくない、そんなおいしさ。

材料(つくりやすい分量)
オレンジの皮⇒2個分
グラニュー糖⇒適量
製菓用チョコレート⇒適量

つくり方
1　オレンジの皮は白い部分を残し、7mm幅に切る。皮の重さを量り、同量のグラニュー糖を準備する。
2　ル・クルーゼにオレンジの皮とかぶるくらいの水を入れて沸かし、煮立ったらざるにあげる。再びル・クルーゼにたっぷりの湯を沸かしてオレンジの皮を入れ、弱火で1時間、やわらかくなるまで煮る。
3　2をざるにあげて湯をきり、ル・クルーゼに戻し入れる。1のグラニュー糖を加え、かき混ぜながら、弱火で煮詰める。水分がなくなり、鍋肌に白く砂糖が結晶化したものがついてきたら、そこからさらに1分ほど煮詰める。
4　バットにグラニュー糖適量を広げ、そこに3をあけ、全体にまぶす。
5　チョコレートは細かく刻んで60℃の湯せんにかけて溶かす。
6　4が冷めたら、半量に5のチョコレートをからめ、オーブンシートの上に広げて乾かす。

Epilogue

ル・クルーゼがそこにあるから、料理をすることが、ただただ、うれしかった。
そうした日々を過ごして、たくさんのレシピが生まれてきました。
道具をいとおしく思う気持ちや、料理を楽しむことは
料理そのものに表れるような気がします。

Merci Beaucoup 　ル・クルーゼ

『「ル・クルーゼ」だから、おいしい料理』ができるのは
ル・クルーゼを好きだから、なのかもしれません。

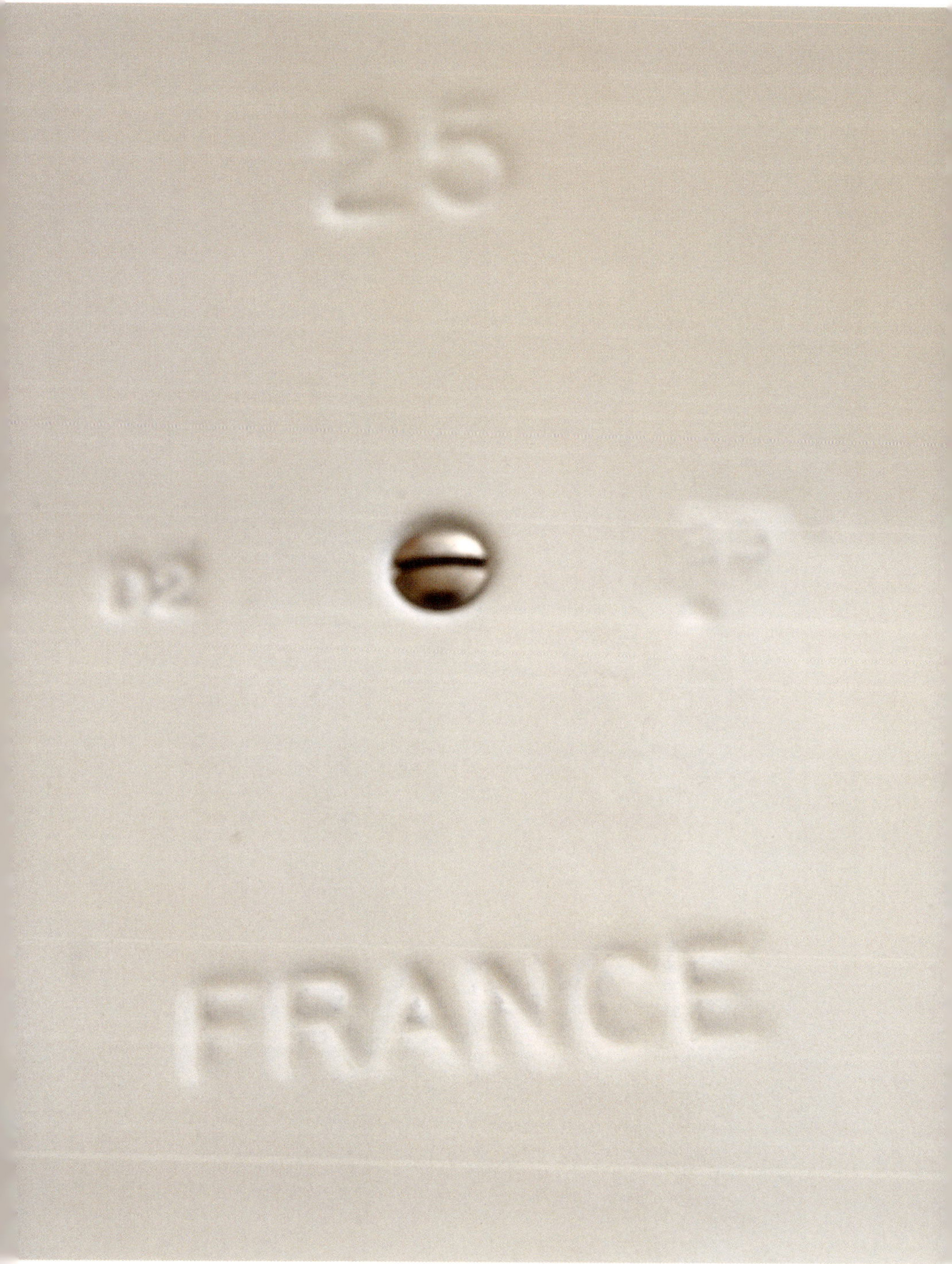
25
02
FRANCE

staff
料理・スタイリング／平野由希子
撮影／日置武晴
ブックデザイン／茂木隆行
料理アシスタント／稲中寛子
校正／鳥光信子・東尾愛子
編集／いまだ里香、中野さなえ（地球丸）

撮影協力
ル・クルーゼ ジャポン
http://www.lecreuset.co.jp

「ル・クルーゼ」で、つくりたい料理
2005年4月30日　初版第1刷発行
2006年4月15日　　第4刷発行

著　者　平野由希子
発行者　菅井康司
発行所　株式会社　地球丸
　　　　〒105-0004
　　　　東京都港区新橋6-14-5
　　　　03-3432-7918（編集部）
　　　　03-3432-7901（営業部）
　　　　http://www.chikyumaru.co.jp/
印刷・製本　凸版印刷株式会社

©Yukiko Hirano,Chikyumaru
Printed In Japan.2005
ISBN4-86067-051-5
定価はカバーに表示してあります。
乱丁本・落丁本がございましたら、
お取り替えいたします。
本書の内容の一部あるいは全部を
無断で複写複製（コピー）することは、
法律で認められた場合を除き、
著作権および出版権の侵害になりますので、
その場合はあらかじめ小社あてに
許諾を求めてください。

La cuisine de "le creuset" que j'aime